L'orphelin
et la jument noire

Kate Thompson, née en 1956, est irlando-britannique. Elle vit à l'ouest de l'Irlande avec son mari et leurs deux filles, Cliodhna et Dearbhla. Elle est l'auteur de plusieurs romans jeunesse.

Jonny Duddle est né en Angleterre. Il a illustré de nombreux livres pour enfants. Après avoir passé un an sur un bateau en tant que marin, il reprend ses études puis enseigne l'art. Il travaille également comme artiste pour des studios de dessins animés. Il a collaboré au dernier film d'animation *Les Pirates ! Bons à rien, mauvais en tout*.

À Peter et Ann, mes merveilleux voisins

L'éditeur remercie vivement Marie-Hélène Delval
pour sa précieuse collaboration.

Ouvrage initialement publié par The Bodley Head,
une filiale de Random House Children's Books, sous le titre : *Highway Robbery*.

Dépôt légal : mars 2013
ISBN : 978-2-7470-3342-8
Loi 49-956 du 16 juillet 1949 sur les publications destinées à la jeunesse
Imprimé en Allemagne par CPI – Clausen & Bosse

L'orphelin et la jument noire

Une histoire écrite par Kate Thompson
illustrée par Jonny Duddle
traduite de l'anglais (G.-B.) par Stéphane Dacheville

J'AIME LIRE
bayard jeunesse

1

Être petit a ses bons et ses mauvais côtés. Vous n'avez jamais pensé à ça, je m'en doute bien, monsieur. Un beau, grand gentleman comme vous !

Mais c'est vrai. Un des bons côtés, c'est que les gens me croient souvent plus jeune que je ne le suis, et ils s'apitoient sur mon sort. Surtout les femmes, celles qui ont des enfants à la maison. Et surtout les pauvres, qui savent que leurs gamins finiront tôt ou tard par mendier dans les rues, comme moi.

Non que je sois en train de mendier, là, monsieur. N'allez surtout pas penser ça !

La fortune m'a souri, voyez-vous, monsieur. Vous vous dites peut-être qu'à me voir, ça ne se remarque pas – en tout cas, pas encore. C'est pourtant la vérité. Et, si je n'avais pas été aussi petit, ça ne me serait jamais arrivé.

Un des mauvais côtés, quand on est petit, c'est que les autres sont presque tous plus grands que vous. Et, dans la rue, ce sont les grands qui font la loi, c'est comme ça. Ils choisissent les meilleures places pour mendier. Tant qu'ils ne dérangent pas les commerçants et ne font pas fuir la clientèle, on les laisse tranquilles.

Pour les petits, c'est une autre histoire. Chaque fois que je trouvais un bon endroit, un plus grand que moi m'en expulsait. J'en ai reçu des coups, monsieur, croyez-moi sur parole ! Un jour, on m'a même frappé si fort que j'en suis resté sourd pendant une semaine. Mais c'était il y a longtemps. Aujourd'hui, j'entends aussi bien que n'importe qui.

Si je vous raconte ça, monsieur, c'est pour que vous compreniez pourquoi j'ai fini par mendier si loin du centre-ville. Et c'est justement là-bas, dans les faubourgs, que la chance m'a enfin souri.

C'était une triste et froide journée qui n'arrivait pas à se décider entre la pluie ou la neige. J'avais eu des bottes autrefois, mais elles avaient si souvent pris l'eau que les clous traversaient la semelle. J'avais l'impression de marcher sur des oursins – c'est la vérité, monsieur. J'ai laissé un gars me les voler rien que pour le plaisir d'entendre son hurlement quand il les a enfilées.

Ce jour-là, dans les faubourgs, je n'avais donc plus de bottes et mes pieds étaient de vrais glaçons. Pour mes mains, ce n'était guère mieux. J'avais aussi le ventre creux, mais ça, j'en avais l'habitude. Je me souviens pourtant d'une époque où je mangeais à ma faim, monsieur. Elle n'a pas duré, et c'était il y a longtemps.

Il n'y avait guère de circulation dans cette petite rue sale, pleine de boue, de cochons et de cochonneries, de celles que les charrettes évitent de peur de s'embourber. Quant aux rares passants, aucun n'avait une petite pièce

ou un croûton de pain à m'offrir. Bref, tout ça me promettait une bien mauvaise journée. C'est alors qu'en un clin d'œil ma chance a tourné.

Je l'ai entendu avant de le voir. Le son a d'abord vibré sous mes pieds raidis par le froid, puis dans l'air, tel un orage grondant au loin, et je n'aurais d'abord su dire ce que c'était. Puis le bruit s'est rapproché et je l'ai reconnu : un martèlement de sabots frappant la terre gelée.

Il a passé le coin de la rue, un grand cavalier sur un grand cheval noir. Poules et cochons ont déguerpi. Moi-même, monsieur, qui n'étais pourtant pas au milieu de la chaussée, je me suis aplati contre le mur.

Il a surgi au grand galop, sa cape noire voltigeant derrière lui, et j'ai vu son visage, ses joues rougies par le froid, ses moustaches aussi noires que sa monture.

Il ne m'a pas regardé, ses yeux fixaient je ne sais quoi à côté de moi. Et puis, en arrivant à

ma hauteur, il s'est redressé sur sa selle et a tiré si fort sur les rênes que sa jument s'est cabrée en projetant une pluie de boue. J'en ai reçu sur la figure, monsieur, c'est dire si j'étais proche !

L'homme a sauté à terre avec la souplesse d'un chat, il a passé les rênes par-dessus la tête de son cheval. Il a marché droit vers moi et me les a mises dans la main. J'en suis resté la bouche ouverte comme une carpe, vous voyez le tableau.

Il était très grand, cet homme. Il respirait fort et son visage rougi était strié de larmes. On aurait dit un fou furieux, et je vous avoue, monsieur, qu'il m'a terrorisé.

Bien sûr, ce n'était ni la colère ni la folie qui lui donnait cette apparence. Il venait de galoper à toute vitesse dans un froid glacial, voilà tout. Et, quand il a ouvert la bouche, il ne m'a pas houspillé comme je m'y attendais. Au contraire, il m'a dit plutôt gentiment :

– Garde ma jument, petit. À mon retour, je te donnerai une pièce d'or.

Et il m'a ébouriffé les cheveux, monsieur. Comme ça, vous voyez, comme une botte de paille. Après ça, j'aurais fait n'importe quoi pour lui. La gentillesse, je ne la rencontre pas souvent, vous vous en doutez. Alors, j'ai serré fermement les rênes, j'ai refermé ma bouche de carpe, et j'ai hoché la tête à m'en entrechoquer les dents.

– Vous pouvez compter sur moi, monsieur, ai-je promis. Je ne bougerai pas d'un pouce jusqu'à votre retour.

Il a dit :

– Brave petit !

Il a détaché la sacoche suspendue au garrot du cheval, puis il a dégrafé sa cape pour en couvrir soigneusement le dos de l'animal. C'est vous dire, monsieur, s'il en prenait soin ! Car, avec le froid qu'il faisait, ce n'était pas un jour à se promener en bras de chemise, surtout pour un gentleman ! Il a tapoté le cou de la jument, m'a lancé un clin d'œil, puis il a descendu la ruelle. L'instant d'après, il avait disparu.

2

J'avais aussi faim qu'une truie qui allaite dix porcelets, pourtant je me sentais comblé. C'est bizarre comme une miette de bonté vous rassasie parfois plus qu'une tourte à la viande. Et se sentir digne de confiance. Se voir accorder un peu de responsabilité. Ça m'a donné l'impression d'être un homme, monsieur, même si je ne vous arrive qu'au coude.

Et ce cheval ! Jamais je n'avais tenu la bride d'une bête pareille. Il est vrai que je croise surtout des chevaux de trait. Et ceux-là n'ont besoin de personne pour les garder. Quand le conducteur descend de sa charrette pour faire une livraison ou aller boire une bière, ils attendent tranquillement qu'il revienne. Quant aux chevaux de carrosse, les valets de pied ne laissent jamais les gens comme moi s'en approcher. Ils craignent peut-être que je leur donne des puces. Allez savoir !

Mais j'étais là, tenant cette immense jument par la bride. Une vraie beauté, avec ses naseaux rouges pareils à deux coquelicots. Ses grands yeux brillants reflétaient l'excitation de la course, et elle regardait de droite et de gauche, à croire qu'elle voyait encore le paysage défiler à toute vitesse.

Je dois l'avouer, elle me faisait un peu peur. Elle était si massive, si chaude, toute maculée de boue ; ses flancs fumaient tel un dragon qui va se mettre en colère. Et elle était encore très agitée, après une aussi longue et folle galopade.

Au fond, je crois que les chevaux ressemblent beaucoup aux humains : ils ne maîtrisent pas leurs émotions aussi vite qu'ils le souhaiteraient. La jument secouait la tête en frappant le sol de ses sabots.

Tout à coup, elle s'est plantée sur ses quatre fers et s'est ébrouée si fort que les étrivières ont cliqueté et que la cape noire a un peu glissé sur son dos.

Pourtant, malgré sa nervosité, elle n'a jamais tenté de s'échapper. Elle n'a pas tiré une seule fois sur les rênes. Une grande dame, en vérité, monsieur !

À mesure qu'elle se calmait, je reprenais confiance. Finalement, j'ai rassemblé mon courage, j'ai tendu la main et lui ai caressé les naseaux. Elle a soufflé très fort, puis elle a laissé tomber la tête.

Ainsi, elle était à ma portée, alors je lui ai flatté le front et j'ai peigné ses crins noirs avec mes doigts. Je vous jure qu'elle a aimé ça ! Je me suis demandé si les chevaux étaient comme les enfants. S'ils avaient besoin, eux aussi, d'un peu de tendresse de temps en temps.

M'occuper de cette jument était plutôt facile, c'est même vite devenu un plaisir. Comme je vous l'ai dit, elle respirait très fort, et son souffle passait sur moi, réchauffant mes pauvres mains et mes pieds gelés. Je suis resté un long moment à m'emplir de cette chaleur, tandis que mes doigts et mes orteils raidis reprenaient vie.

Malheureusement, les bonnes choses ne durent jamais. La jument s'est remise à respirer normalement, et le froid m'a de nouveau mordu jusqu'aux os.

J'avais hâte de voir revenir le gentleman et d'admirer ma pièce d'or. Je n'en avais encore jamais vu de près. J'imaginais tout ce que je pourrais acheter avec : des tourtes à la viande, des pieds de porc, des pommes, de la purée de pois cassés. Je savais que je trouverais au marché des bottes d'occasion pas chères et une couverture de laine rapiécée pour à peine dix sous. J'avais tellement envie de pain chaud que je croyais en sentir l'odeur.

Puis j'ai compris que je ne rêvais pas : ça sentait *vraiment* le pain chaud. C'est alors que j'ai vu deux jeunes filles qui marchaient vers moi, un croûton à la main.

3

– Qu’est-ce que tu fais là ? m’a demandé la plus grande.

Elle portait une longue natte, et sa jupe grise avait été rallongée avec une bande de tissu noir.

– Je garde le cheval d’un gentleman, ai-je expliqué.

– Quel gentleman ?

– Quelqu’un qui n’a pas envie de dire son nom à deux gamines.

– Je suis plus grande que toi ! a-t-elle protesté.

C'était vrai, mais j'ai trouvé sa remarque déplacée. Je n'ai donc rien ajouté.

Elle a repris :

– De toute façon, on ne voit jamais aucun gentleman par ici.

Là encore, j'ai gardé le silence. Elles me fixaient et, moi, je surveillais la jument, feignant de les ignorer. Je ne pouvais pourtant pas m'empêcher de jeter des coups d'œil aux deux pains qu'elles transportaient dans leur panier. Une miche chacune, à peine entamée. J'avais si faim, monsieur, que j'ai cru m'évanouir. Je n'ai pas honte de le dire.

– Pourquoi porte-t-il un manteau ? a fini par demander la plus petite.

Elle louchait, si bien que je ne savais pas si c'était moi ou le cheval qu'elle regardait. Peut-être les deux en même temps.

– Pas « il », *elle*, ai-je rectifié. On la couvre d'une cape parce que c'est la jument la plus chère d'Angleterre. Il ne faut pas qu'elle attrape froid. Chez elle, dans son écurie, elle a un

bonnet de feutre, une robe de soie, et elle mange du pudding aux oranges et aux pruneaux.

– Même pas vrai ! a fait Bigleuse en pouffant.

– Et des figues, ai-je ajouté. Elle raffole des figues.

La fille s'est approchée. Si le cheval n'avait pas été là, je lui aurais arraché sa miche de pain à un sou et j'aurais pris mes jambes à mon cou. Mais j'ai eu une autre idée :

– En fait, cette jument est tellement spéciale qu'elle me coûte deux sous par heure de garde.

Je lui ai caressé le museau, et elle a baissé la tête vers moi une nouvelle fois.

– Je ne te crois pas, a déclaré Longue-Natte. Qui aurait l'idée de payer pour tenir la bride d'un vieux cheval couvert de boue ?

– Ce n'est pas parce qu'elle est sale qu'elle n'est pas spéciale. Tu as déjà vu une jument portant une cape ?

Bigleuse était à présent juste à côté de moi, levant une main timide vers le nez de la bête. Je l'ai écartée d'un coup de coude :

– Écoute, si tu tiens vraiment à toucher Princesse, on peut s'arranger. Mais, pour ça, tu devras payer.

Une minute plus tard, je croquais à pleines dents dans un pain et glissais le second dans la poche de braconnier cousue à l'intérieur de mon manteau rapiécé. Les deux filles se pressaient autour de la jument en poussant

des « oh ! » et des « ah ! » Elles lui caressaient l'encolure et le nez, tressaient les crins de sa crinière et de sa queue. Elles ont rajusté sa cape en sorte qu'elle retombe au même niveau de chaque côté.

C'était du beau travail. La jument se montrait très patiente. À sa façon d'arquer le cou et de battre des cils, je devinais qu'elle appréciait ces soins. D'ailleurs, après ce toilettage, elle commençait vraiment à prendre une allure royale. Puis j'ai vu qu'elle redevenait nerveuse.

Aussi, ma dernière bouchée de pain avalée, j'ai fait savoir aux filles que ça suffisait :

– Si le maître vous surprend, on risque tous les trois une bonne correction ! Et jurez-moi sur la tombe de votre mère de ne jamais parler de notre marché.

– Pourquoi ? s'est étonnée Longue-Natte.

– Parce que je n'aurais pas dû vous laisser faire. Si d'autres l'apprennent, ils voudront tous tenir Princesse par la bride, et je devrais me battre pour les repousser. Et le maître vous fera rechercher pour vous jeter en prison.

Tandis qu'elles s'en allaient, l'air inquiet, je tâtais le second pain enfoncé dans ma poche. Manger ou ne pas manger, telle était la question. Le genre de question que vous ne vous êtes sûrement jamais posée, monsieur.

En mangeant, je faisais disparaître la preuve de mon larcin et, si les fillettes parlaient, ce serait leur parole contre la mienne. Mais, si je mangeais tout de suite, je n'aurais plus rien à manger après. Et je n'avais aucun moyen de savoir quand le gentleman reviendrait. J'ai donc décidé de patienter, au moins quelque temps.

4

J'attendais le gentleman depuis si longtemps que je commençais à me demander si je le reverrais jamais. Je regardais les cochons et les poules fouiller la boue gelée, curieux de savoir ce qu'ils pouvaient bien trouver dans cette fange.

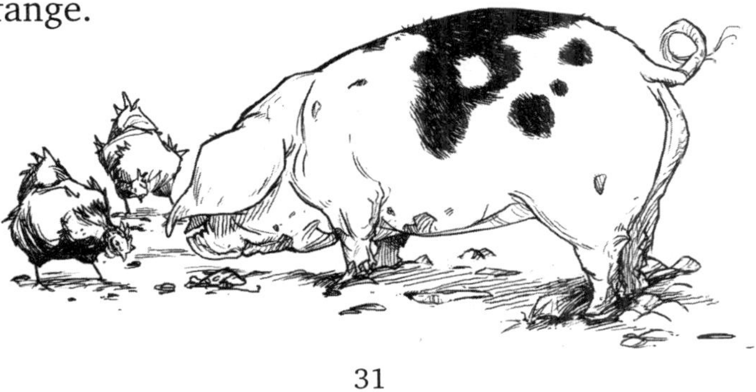

Après le départ des filles, la rue est restée déserte un moment. Puis j'ai vu passer deux fermiers qui amenaient des moutons chez le boucher, un homme qui peinait à faire avancer sa charrette pleine de bois de chauffage à cause de la gadoue, et enfin une lavandière chargée d'un gros tas de linge empaqueté dans un drap crasseux.

Tous nous ont observés, le cheval et moi, mais aucun n'a fait de commentaire.

Le passant suivant, en revanche, s'est beaucoup intéressé à nous. Il a descendu la rue sans nous quitter des yeux et, lorsqu'il est arrivé à notre hauteur, il s'est arrêté pour nous examiner.

Il m'a paru louche au premier coup d'œil, monsieur. Quand on vit dans la rue, on apprend vite à évaluer les gens. C'est une question de survie. Et ce type ne me disait rien qui vaille.

Il a traversé pour nous rejoindre, comme je m'y attendais. Il est resté silencieux pendant de longues minutes, se contentant de tourner autour de la jument, l'étudiant sur toutes les coutures. Il m'a alors demandé :

– Elle appartient à qui ?

Il n'était pas très vieux, mais, comme il avait perdu presque toutes ses dents, il parlait en crachotant.

– Ça ne vous regarde pas, ai-je répliqué.

Au regard noir qu'il m'a lancé, j'ai bien cru qu'il allait me frapper. C'était un violent, ça se voyait.

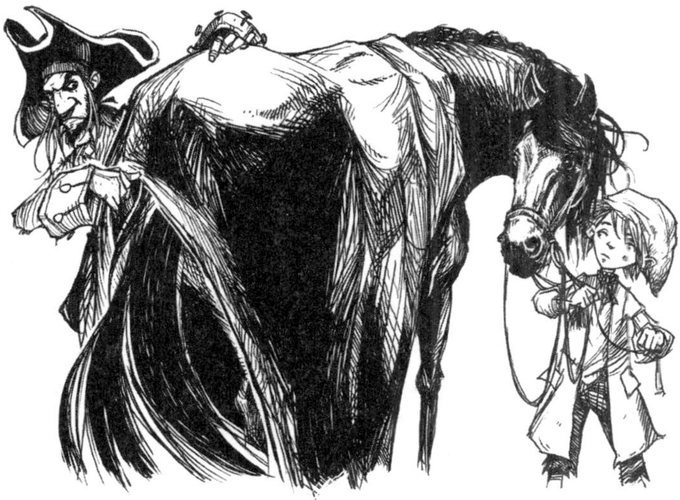

– Tu en demandes combien ?

Je reconnais, monsieur, que cette question m'a fait réfléchir. Malgré ce que j'avais raconté aux deux filles, je n'avais pas vraiment pris conscience de la valeur de cette jument.

L'homme attendait, et j'aurais bien voulu lui donner une réponse, mais j'étais tiraillé entre la perspective de la richesse et ma loyauté envers le gentleman. Combien pouvait valoir ce cheval ? Voilà ce que je me demandais. Infiniment plus que la pièce d'or promise par son maître, ça, au moins, c'était sûr !

L'Édenté s'est approché de moi et m'a soufflé :

– Tu es tenté, pas vrai ?

Il a jeté un bref coup d'œil à droite et à gauche.

Entendons-nous bien, monsieur. Je suis pauvre, mais je ne suis pas un voleur. Je ne pouvais pas rejeter cette occasion de gagner beaucoup d'argent sans y avoir mûrement réfléchi, voilà tout.

– Non, je ne suis pas intéressé, ai-je répondu, quoique sans grande conviction – et je suis sûr que l'Édenté l'a remarqué.

– Hum, a-t-il fait.

Il a recommencé son inspection, même si je doutais fort qu'un détail lui ait échappé lors de son premier examen.

Moi aussi, j'observais l'animal, les yeux grands ouverts, cette fois, avec des chiffres dans la tête qui grossissaient à chaque minute. La somme que pouvait rapporter la jument aurait sorti un garçon comme moi de la pauvreté, monsieur. Elle m'aurait peut-être permis de créer ma propre affaire. Vendre des tourtes ou des muffins sur les marchés. Cirer des bottes telles que les vôtres.

Vous devinez, monsieur, la rude bataille que je menais avec ma conscience.

Soudain, l'Édenté s'est retourné, et j'en ai fait autant, car une charrette roulait lentement vers nous en cahotant. Elle était chargée de navets

et de carottes, et conduite par deux robustes paysans. L'un marchait à côté du cheval de trait, l'autre était assis à l'avant du véhicule. Chacun d'eux était armé d'un gourdin.

L'instant d'après, l'Édenté avait disparu. Il n'avait pas eu le temps d'aller au bout de la rue ; j'ai donc supposé qu'il avait filé par l'une des ruelles. Si mes rêves de richesse s'évaporaient avec lui, j'étais tout de même soulagé d'être délivré de cette terrible tentation.

5

Les deux fermiers se sont arrêtés pour admirer la jument. Ils étaient presque aussi larges que hauts, les épaules carrées, les avant-bras musclés.

L'un avait une chevelure aussi hirsute qu'une botte de foin, mais pas un poil au menton. L'autre, pratiquement chauve, arborait une barbe rousse qui lui tombait sur la poitrine, si touffue qu'une famille de roitelets aurait pu y nicher. La tête à l'envers, il aurait ressemblé comme deux gouttes d'eau à son ami.

– Eh, en voilà, une belle jument ! s'est-il exclamé.

Et il lui a flanqué sur l'encolure une tape magistrale. J'ai presque eu peur qu'il ne la renverse.

Botte-de-foin a tapoté la croupe de la bête avant de me demander :

– À qui appartient-elle ?

Avec eux, monsieur, je me suis tout de suite senti en confiance. Peut-être à cause de leurs gestes lents et assurés, de leurs muscles témoignant du dur labeur quotidien, ou simplement parce que leurs yeux, aussi bleus qu'un ciel d'été, ne reflétaient que de l'admiration.

Alors je leur ai parlé du gentleman, de sa folle chevauchée à travers la ville, de sa promesse de m'offrir une pièce d'or à son retour, de l'Édenté et de ses manigances pour que je lui vende la jument.

– Il perdait son temps, pas vrai ? a déclaré Botte-de-foin. Un brave et honnête garçon comme toi ne se serait jamais laissé embobiner.

Ces mots me sont allés droit au cœur, monsieur. Ils m'ont presque fait oublier que j'avais considéré un moment la proposition de l'Édenté.

Nid-de Roitelet a ajouté :

– Tu as bien fait de ne pas écouter ce voyou. Il avait à coup sûr un complice caché au coin d'une ruelle, prêt à te reprendre l'argent aussitôt.

Malgré leur air balourd, ces deux fermiers étaient loin d'être idiots. Moi qui croyais tout connaître des ruses de la rue, je n'avais même pas pensé à ça !

Un petit tonneau était suspendu à la ridelle de la charrette. Ils en ont tiré deux godets d'eau avant de m'en proposer.

J'ai bu avec plaisir. Dès qu'elle a senti l'odeur de l'eau, la jument s'est ébrouée.

– Dieu la bénisse, elle a soif, a dit Botte-de-foin.

Quand on y pense, monsieur, c'était logique, après une telle galopade ! Comme je n'y connaissais rien en chevaux, ça ne m'avait pas traversé l'esprit. Le tonneau n'était pas assez grand, mais les deux hommes avaient un seau pour leur propre cheval. Botte-de-foin est allé le remplir à une fontaine. La jument a plongé le museau dedans jusqu'au-dessus des narines.

Nid-de-Roitelet n'en est pas revenu.

– Voilà une chose qu'on ne voit pas souvent ! s'est-il exclamé. La plupart des chevaux gardent les narines hors de l'eau.

– C'est la preuve d'un grand courage, a affirmé Botte-de-Foin.

– Ah oui ? ai-je fait, étonné.

Il a hoché la tête :

– C'est ce qu'on dit.

– Oui, c'est ce qu'on dit, a répété son ami.

Ils s'étaient entichés d'elle, monsieur, et ne semblaient pas pressés de reprendre la route. Tandis que Botte-de-Foin retournait à la fontaine remplir le seau une deuxième fois, Nid-de-Roitelet a offert à la jument des carottes et une poignée d'avoine.

Leur cheval a renâclé, et ils ont dû lui en donner aussi. J'aurais voulu rester aux côtés de ces deux fermiers pour toujours. Ils étaient grands, forts, aimables, et conservaient en toute occasion leurs tranquilles manières de paysans.

Quand une autre charrette est arrivée derrière la leur, ils ont pris tout leur temps. Il a fallu que le conducteur s'impatiente et commence à les injurier pour qu'ils se décident enfin à nous quitter, la jument et moi.

6

Ils étaient à peine partis qu'ils me manquaient déjà. À la jument aussi, je vous jure, monsieur, car elle a henni. Et ça a été la seule fois de la journée où elle s'est manifestée. Il y en avait un, en revanche, que ce départ arrangeait bien : l'Édenté. En le voyant revenir, j'ai deviné qu'il était resté

tout ce temps tapi dans l'ombre, tel le rat d'égout qu'il était. Cette fois, il n'était pas seul.

Le costaud qui l'accompagnait portait un gilet et des culottes de cheval crottés. À sa tenue, on aurait pu le prendre pour un gentleman, ce qu'il n'était pas, je vous l'assure. Quoique mieux habillé, il était sans nul doute de la même étoffe que l'Édenté.

D'ailleurs, il s'est comporté exactement comme lui : il m'a ignoré et a entrepris d'examiner la jument sous tous les angles. Après quoi, sans avertir ni demander la permission, il lui a retroussé les lèvres pour lui regarder

les dents. Elle n'a pas aimé ça, monsieur. Elle a relevé la tête en reculant brusquement et, comme je ne voulais pas lâcher les rênes, elle m'a traîné dans la boue et les immondices.

J'ai protesté, monsieur. Je leur ai demandé ce que signifiaient ces manières ; je les ai priés de laisser en paix le cheval de mon maître et de quitter les lieux. Enfin, en des termes nettement moins choisis.

– Et c'est qui, ton maître ? a voulu savoir l'homme au gilet. Pourquoi a-t-il abandonné son cheval au milieu de cette porcherie ?

– Il ne l'a pas abandonné, il me l'a confié. Il va revenir d'une minute à l'autre. Alors, si j'étais vous, je ficherais le camp.

Parce que, s'il vous surprend à tripoter les dents de sa jument, il va le prendre très mal.

– Penses-tu ! Il n'y tient guère, à son cheval. Sinon il ne laisserait pas une aussi belle bête couverte de sueur et de boue à la garde d'un va-nu-pieds comme toi.

– Je ne suis pas un va-nu-pieds !

À ces mots, ils se sont tordus de rire. J'en ai profité pour ramener la jument sur le côté. Elle m'a suivi, douce comme un agneau, et je lui ai caressé le nez pour qu'elle sache que j'étais content d'elle.

– Ce gamin me plaît, a déclaré Culottes-Crottées. Proposons-lui un marché.

L'Édenté ne semblait pas très chaud, mais il n'a pas fait d'objection, et l'autre m'a expliqué son plan :

– J'achète et vends quantité de chevaux.

Vu que je suis toujours correct en affaires, je t'offre deux pièces d'or pour celui-ci.

– Deux pièces d'or ! s'est étranglé l'Édenté.

Culottes-Crottées l'a ignoré et il a poursuivi :

– Ainsi, tu ne rentreras pas dans ton trou à rats les poches vides. Quant à moi, je pourrai dire que j'ai acquis ce cheval dans les règles. À la revente, il me rapportera peut-être sept pièces d'or, et mon ami ici présent recevra un pourcentage pour m'avoir servi d'intermédiaire. Alors, petit, qu'en dis-tu ?

Deux pièces d'or – le double de ce que le gentleman m'avait promis –, c'était tentant.

Plus encore lorsque le bonhomme a agité sa bourse et que j'ai entendu le joli tintement des pièces qui s'entrechoquaient.

– Ton maître ne te retrouvera jamais, m'a assuré l'Édenté. Les nabots de ton espèce disparaissent facilement dans une grande ville comme celle-ci.

J'ai soudain pris conscience du danger. Les deux charrettes avaient disparu depuis longtemps, ne laissant que des traces de roues dans la boue. À part les cochons qui fouillaient les ordures de leur groin crasseux, il n'y avait personne d'autre que nous dans la rue.

Qu'est-ce qui empêcherait ces deux escrocs de s'emparer de la jument et de filer sans me payer ? Et le gentleman ne me donnerait sûrement pas une pièce d'or pour prix du vol de son cheval, pas vrai ? Malgré tout, je ne pouvais accepter ce marché. Après les compliments des deux fermiers, j'étais tout gonflé de ma propre vertu. De plus, je n'avais pas oublié l'avertissement des fermiers au sujet d'un possible complice caché au coin de la rue. J'étais résolu à ne pas abandonner la jument sans me battre.

– Vous ne l'aurez pas, ai-je dit. Pas même contre trente pièces d'or !

J'ai agrippé les rênes et j'ai serré les dents, attendant les coups qui allaient sûrement pleuvoir. Or, la chance m'a souri de nouveau. Pour la seconde fois ce jour-là, le sol s'est mis à trembler sous mes pieds.

J'ai entendu des claquements de sabots qui se rapprochaient, des cliquetis de brides, les acclamations joyeuses d'un garçonnet, les piaulements d'une poule affolée.

Une dizaine de soldats de la garde royale ont surgi en haut de la rue, dans leurs beaux uniformes rouges. Ils avaient dû galoper à fond de train, car les bêtes trempées de sueur fumaient comme si leurs cavaliers traînaient un nuage avec eux au cas où ils auraient besoin d'une petite pluie.

En faisant reculer la jument contre le mur afin de leur laisser la place, j'ai constaté que

Culottes-Crottées et l'Édenté s'étaient évaporés aussi silencieusement qu'ils étaient apparus. Je vous avoue, monsieur, que j'aurais aimé en faire autant.

Car, vous le savez sûrement, mendiants et soldats ne font pas bon ménage. Toutefois, je ne pouvais ni me volatiliser ni me dissimuler. Or, alors qu'ils avaient toute la rue pour eux, ils n'ont pas passé leur chemin. Ils se sont arrêtés autour de moi, formant une barrière écarlate en forme de fer à cheval.

7

La jument tirait sur son mors avec nervosité. Elle semblait aussi effrayée que moi. Les chevaux de la garde frappaient le sol de leurs sabots et secouaient la tête d'impatience. Un des soldats a mis pied à terre, confiant à un autre les rênes de sa monture.

– À qui est ce cheval ? m'a-t-il interrogé.

Je jure qu'une dizaine de réponses m'ont traversé l'esprit, mais, comme je n'arrivais pas à en choisir une, elles me sont toutes sorties de la tête, et je n'ai rien dit du tout. Le soldat a

plié les genoux pour se mettre à ma hauteur. Il a planté ses yeux gris acier dans les miens et m'a demandé, en détachant chaque mot :

– Tu parles anglais ?

J'aurais ri si je n'avais pas eu aussi peur.

– Oui, monsieur.

– Oui, capitaine, a-t-il corrigé.

– Oui, ... *capitaine*.

– Alors, à qui est-elle, cette jument ?

Il m'a paru plus sûr de ne pas mentir.

– Elle appartient à un gentleman. Il m'a promis une pièce d'or si je la lui gardais jusqu'à son retour.

Le capitaine s'est redressé. Puis il a tourné autour de l'animal, avec la même attention que les deux escrocs.

La jument a soufflé un grand coup, sans doute lassée de tous ces examens. Le capitaine a soulevé ses sabots pour inspecter ses fers, puis il a relevé la cape et étudié la selle.

– Elle n'est pas à vendre, monsieur, ai-je fait savoir.

– *Capitaine !*

– Elle n'est pas à vendre, monsieur le capitaine.

– Quel dommage ! C'est une bête magnifique.

J'étais aussi fier que si elle m'avait appartenu. Malgré moi, je commençais à bien aimer ce soldat.

– Oui, capitaine, elle l'est.

– Parle-moi un peu de son maître. À quoi ressemble-t-il ?

– Il est presque aussi grand que vous, capitaine. Il a de grosses moustaches noires et de longs cheveux noirs et frisés.

– Je vois. Te rappelles-tu s'il transportait quelque chose ?

– Une sacoche de selle, capitaine, c'est tout.

– Tu es un brave petit.

Et il m'a ébouriffé les cheveux comme le gentleman. Sauf qu'après il s'est essuyé la main sur son pantalon, ce que le gentleman n'avait pas fait.

Il a rejoint l'arc de cercle écarlate et a chuchoté quelque chose à l'un de ses hommes.

Celui-ci a aussitôt mis pied à terre, puis ils se sont éloignés afin de discuter plus tranquillement. Il faut dire qu'une petite foule de curieux avait formé un autre arc de cercle juste derrière les soldats.

Ils me regardaient tous, et c'était très agréable, monsieur, de sentir leurs yeux posés sur moi et ma jolie jument noire. J'avais l'impression d'être quelqu'un d'important.

Ça n'a pas duré longtemps. Le capitaine est revenu vers ses hommes et leur a lancé un ordre. Ils ont aussitôt dispersé les badauds en les priant de s'occuper de leurs affaires.

Puis les soldats s'en sont allés. Seuls le capitaine et l'homme avec qui il s'était entretenu sont restés. Et leurs chevaux, bien entendu.

Le capitaine a de nouveau plié les genoux pour me regarder dans les yeux :

– Comment t'appelles-tu, petit ?

Je le lui ai dit, et il a ajouté :

– Eh bien, tu me parais un jeune homme digne de confiance.

J'ai hoché énergiquement la tête. Comme vous pouvez le constater, monsieur, ce militaire était perspicace.

– Brave petit ! a-t-il répété. Que dirais-tu de servir le roi ?

– Ça me plairait beaucoup, capitaine.

– Parfait. Ce ne sera pas difficile, tu verras.

L'espace d'une seconde, je me suis vu en uniforme rouge, sur le dos de la jument noire, au cœur d'une féroce bataille. Mais le capitaine avait une tout autre idée en tête. Il m'a demandé :

– As-tu entendu parler d'un certain Dick Turpin ?

– Dick Turpin, le voleur de grand chemin ?

– Lui-même.

Bien sûr que je connaissais ce nom ! Qui ne le connaît pas ? Comme tous les autres gosses de la rue, j'adorais les histoires qu'on racontait sur ce célèbre bandit. Je me cachais souvent à l'entrée des pubs pour entendre le récit de ses derniers exploits. Chaque fois que quelqu'un mentionnait son nom dans la rue, je restais tapi dans l'ombre au cas où on parlerait d'une de ses nouvelles prouesses. Je revivais ses aventures : il surgissait à la lisière de la forêt pour barrer la route aux voyageurs fortunés.

« La bourse ou la vie ! », voilà ce qu'il leur disait. Dick Turpin était mon héros.

J'ai dû rester trop longtemps silencieux, perdu dans mes pensées, car le capitaine s'est impatienté :

– Alors ? C'est oui ou c'est non ?

– Oui, monsieur, euh... capitaine. Je sais qui il est.

– Bien. De toute évidence, le gentleman qui t'a confié son cheval est Dick Turpin en personne.

J'ai écarquillé les yeux. Mille pensées contradictoires se bousculaient dans ma tête.

– Et cette jument, a-t-il poursuivi en flattant l'encolure de l'animal, n'est autre que Black Bess.

8

J'ai lâché une exclamation. La jument était donc bien une bête de prix, et je n'avais pas escroqué les deux filles. J'aurais même dû les faire payer davantage !

– Black Bess, ai-je soufflé en lui caressant les naseaux.

Le capitaine a ri. Il s'est appuyé contre son flanc et lui a passé négligemment un bras autour du cou. Je l'ai trouvé culotté de se comporter avec elle comme s'il s'agissait d'un vieux canasson. Mais qu'est-ce que je pouvais dire ? C'était un capitaine de la garde royale ! De toute façon, j'ai vite oublié ça en entendant la suite :

– Dick Turpin a attaqué une voiture de poste. Il a volé un sac de pièces d'or destiné à la Banque d'Angleterre. Le cocher a attendu qu'il ait filé, puis il a dételé son cheval de tête et a couru chercher du secours. Par chance, nous l'avons croisé, mes hommes et moi, alors que nous étions en exercice dans les parages. Nous avons pu suivre les traces de Turpin pendant qu'elles étaient encore chaudes, et elles nous ont conduits ici. Les fers de son cheval – il a soulevé un des sabots de Black Bess pour me montrer – ont un cloutage inhabituel, qui laisse sur le sol des marques repérables. Nous n'avons donc eu aucun mal à remonter sa piste.

J'ai opiné d'un air sombre. Cette histoire ne me plaisait pas du tout.

– Vous devez vous tromper, capitaine. Vous avez pu suivre d'autres traces. Je ne crois pas que l'homme que j'ai vu soit Dick Turpin.

Il a ri de nouveau :

– Tu as peut-être raison. Mais nous en aurons bientôt le cœur net, pas vrai ? Il suffit d'attendre qu'il revienne chercher son cheval, et nous serons fixés.

– Et mon rôle dans tout ça, capitaine ? ai-je demandé, tout en connaissant d'avance la réponse.

– C'est de faire exactement ce que tu es en train de faire. Tu patientes ici, avec Black Bess, jusqu'au retour de son maître. Pendant ce temps, je resterai caché à proximité avec mes hommes. Dès que Turpin se montrera, nous lui tomberons dessus pour l'arrêter.

Je me sentais misérable et cherchais encore le moyen de sortir mon héros de ce traquenard.

– Ça ne marchera jamais, capitaine. On dit que Dick Turpin peut sentir un soldat à une lieue à la ronde, à cause de la graisse que vous passez sur vos bottes.

Il a ri une fois de plus :

– Il reviendra. Que ferait Dick Turpin sans Black Bess ?

Il a de nouveau flatté la jument :

– Où retrouverait-il une bête aussi rapide, aussi loyale, aussi courageuse ?

Vous imaginez ma situation. Qu'auriez-vous fait à ma place, monsieur ? Moi qui étais si excité d'avoir rencontré le grand Dick Turpin et de tenir la bride de son célèbre cheval,

j'allais servir d'appât pour le piéger ! Deux vers au bout d'un hameçon, monsieur, voilà ce à quoi nous étions réduits, la pauvre Black Bess et moi. En la regardant dans les yeux, j'ai su qu'elle aurait détesté ça autant que moi, si elle avait pu comprendre ce qui se passait.

Des tas de pensées m'ont traversé la tête, dont j'étais plus ou moins fier. Dick Turpin aurait-il le temps de me donner ma pièce d'or avant que les soldats ne l'attrapent ?

Cette pensée était la pire. La meilleure était de lâcher les rênes de Black Bess et de laisser tomber cette sale affaire. Il y en avait une autre, qui se situait entre les deux. Et c'est

celle-là que j'ai choisie : tant que je resterais avec Black Bess, Dick Turpin avait une chance de s'en tirer.

Si je l'apercevais au loin, je n'aurais qu'à crier pour le prévenir, et il s'enfuirait à toutes jambes. Et, s'il s'approchait sans bruit, à la façon des deux escrocs, je le laisserais sauter sur Black Bess et filer au galop avant que les soldats n'aient le temps de réagir. Les chances étaient minces, je le savais, mais je n'avais pas trouvé mieux.

Il me restait juste un petit détail à régler :

– Et moi, capitaine, qu'est-ce que j'y gagne ? Dick Turpin m'a promis une pièce d'or. Si vous l'arrêtez, j'en serai de ma poche.

Il a éclaté de rire et a failli m'ébouriffer une nouvelle fois les cheveux. Je me suis écarté juste à temps.

– N'aie aucune crainte, m'a-t-il rassuré. Si nous capturons Dick Turpin, tu recevras une belle récompense.

Il a tapoté la poche de sa veste, et j'ai entendu un doux tintement de pièces. Alors, même si j'avais un peu honte de moi, j'ai hoché la tête pour lui signifier que j'étais d'accord. D'accord pour rendre service au roi. D'accord pour aider les soldats à capturer l'homme qui était mon héros et même – je me plaisais à le croire – mon ami.

9

Le capitaine et son lieutenant ont enfourché leurs montures et s'en sont allés, et la ruelle misérable est restée déserte une fois de plus. Je ne savais pas où ils s'étaient cachés, eux et leurs chevaux.

J'ai eu beau fouiller du regard les portes, les fenêtres et les toits des maisons alentour, je n'ai pas repéré le moindre bout d'uniforme rouge ni la moindre botte bien graissée.

C'était une journée des plus bizarres, c'est le moins qu'on puisse dire. De toute ma vie je n'avais rencontré autant de gens prêts à m'offrir autant d'argent, et pourtant je n'avais toujours pas vu un seul sou. Je doutais d'avoir pris les bonnes décisions, et tous ces évènements tournaient en boucle dans mon esprit.

Bess ne semblait pas satisfaite, elle non plus. Elle s'agitait, tirait sur ses rênes comme si elle voulait m'entraîner loin d'ici. Je l'ai caressée pour tenter de la calmer, mais elle m'a repoussé si fort d'un coup de tête que j'ai failli tomber à la renverse.

– Là, là, Bess ! Tout va bien.

Elle a détourné le regard. J'ai fini par croire qu'elle avait tout compris et refusait de jouer un rôle dans ce plan odieux. J'espérais encore n'en jouer aucun, moi non plus, monsieur.

Sauf que je ne voyais pas comment faire. J'étais environné de soldats. Si je tentais de m'enfuir, je risquais d'être moi-même arrêté comme un criminel.

Pendant que je réfléchissais, Bess m'a bousculé plusieurs fois avec ses naseaux, et j'ai fini par comprendre ce qu'elle voulait. Je n'avais pas vu le temps passer, mais ça faisait des heures que nous attendions là, tous les deux. La pauvre bête était tout simplement affamée.

Le croiriez-vous, monsieur ? Si j'avais été avec un garçon ou une fille, rien n'aurait pu me convaincre de partager avec eux le peu que j'avais. Sans doute parce que j'ai grandi dans la misère.

Quand on en est réduit à mendier, c'est chacun pour soi, comme on dit. Je me serais trouvé un coin tranquille pour y manger la miche de pain que j'avais conservée dans ma poche. Et personne d'autre n'en aurait eu une miette.

Alors, pourquoi faire autrement avec un cheval ? Je ne sais pas l'expliquer, monsieur.

En tout cas, j'ai partagé mon dernier pain avec la jument, c'est la pure vérité ! En plus, c'était stupide. Ce pain représentait un repas pour moi et à peine une bouchée pour elle.

Pourtant, elle a eu sa part et plus que sa part, et son mors ne l'a pas empêchée de la mâchonner, et, voyez-vous, j'ai eu presque autant de plaisir à la regarder manger qu'à manger moi-même.

On dit que les soupers du roi durent deux heures chaque soir. J'ai du mal à le croire. Tout ce temps pour venir à bout d'une telle quantité de nourriture, je n'ai vu ça nulle part. Pour moi, c'est une image du paradis. Deux heures passées rien qu'à manger !

La jument et moi, monsieur, on a englouti notre pain en moins de deux minutes. Après quoi, on a repris notre bonne vieille attente.

Je vois, monsieur, que vous portez de belles bottes. Vous ne savez certainement pas quel effet ça fait de ne plus sentir ses pieds. Je ne le souhaite pas même à mon pire ennemi. Les

jours de grand froid, c'est très bizarre, on ne sait même plus sur quoi on marche. On peut être sur des pavés, dans la boue, ou avoir de l'eau jusqu'aux chevilles, tant qu'on ne prend pas la peine de regarder, on ne s'en rend pas compte.

Et c'était ce qui m'arrivait, à force d'attendre là, debout. D'habitude, dans ce cas, je marche jusqu'à ce que mes pieds se réchauffent ou que je finisse par ne plus y penser. Mais cette fois, bien sûr, je ne pouvais aller nulle part. Je n'avais pas d'autre choix que de prendre mon mal en patience.

La nuit commençait déjà à tomber, le sinistre crépuscule du milieu de l'hiver. La rue s'animait peu à peu. Les gens rentraient chez eux après leur journée de travail et s'occupaient de tâches ménagères. Des hommes et des femmes descendaient remplir leurs seaux à la fontaine. Des enfants jouaient dans la rue pendant qu'on préparait le dîner. Quelques-uns se sont attroupés autour de Bess.

Un petit imbécile a trouvé amusant de lui jeter des cailloux. Je n'ai pas osé lui dire à qui elle appartenait, mais je lui ai relancé un de ses projectiles, assez fort pour lui faire mal. Il n'a pas recommencé.

Avant qu'il ne fasse complètement noir, on a envoyé les enfants rassembler les cochons et les poules, puis tout le monde est rentré chez soi. Les portes ont claqué, les volets se sont fermés. Je ne pense pas qu'il faisait si chaud que ça dans les maisons, mais c'était tout de même mieux que de rester dehors.

Les odeurs de cuisine me rendaient fou. La lueur des bougies filtrait sous les portes et à travers l'encadrement des fenêtres. La fumée

des feux de bois s'échappait des cheminées. Ça me semblait tellement injuste, monsieur, que je n'aie ni famille, ni maison, ni âtre où réchauffer mes pieds glacés !

Je me demandais où pouvait bien être Dick Turpin. Quelque part au chaud, sans doute, à dépenser son argent et à se remplir l'estomac, ses hautes bottes en train de sécher au coin d'un bon feu.

Devant cette image, sa promesse et son petit geste amical m'ont soudain paru bien dérisoires. Il n'était peut-être pas si gentil que ça, s'il était prêt à me laisser pieds nus, dehors, dans la nuit, tandis que les flaques de boue recommençaient à geler.

Ou peut-être était-ce vrai, ce qu'on disait de lui. Peut-être avait-il voulu récupérer Black Bess et me donner ma pièce d'or. Mais il avait flairé l'odeur de graisse sur les bottes des soldats et rebroussé chemin, devinant qu'on lui avait tendu un piège.

À l'idée de passer une longue nuit dans ce froid mordant, je commençais à regretter d'avoir croisé le chemin de Dick Turpin et de Black Bess.

10

Ils sont revenus pendant la nuit, monsieur. J'aurais dû m'en douter. L'Édenté et son ami crotté.

Je ne les ai pas entendus venir. Ils ont surgi soudain derrière moi, descendant sans bruit la ruelle.

En les voyant, ma première pensée a été d'accepter leurs deux pièces d'or et de prendre mes jambes à mon cou. Même si les soldats m'attrapaient, ça valait mieux que de rester là, à mourir de froid. Or, cette fois, les deux escrocs ne m'ont pas offert d'argent. Ils m'ont simplement jeté dans la boue avant de s'enfuir avec la jument.

Je ne suis pas bien grand, monsieur, mais je peux faire du tapage, et c'est ce que j'ai fait. Quand la porte de la première maison s'est ouverte, je poursuivais déjà les deux hommes. C'était inutile, d'ailleurs, car les soldats sont aussitôt apparus, comme venus de nulle part, et ont bloqué toutes les ruelles.

Encerclés, les voleurs n'avaient aucune chance. On les a ramenés par le collet avant de les pousser contre le mur. La rue était maintenant bien éclairée, car toute cette agitation avait convaincu la moitié des habitants d'ouvrir leur porte. Et l'autre moitié, je suppose, de la fermer à double tour.

– Cette jument est à moi, a prétendu Culottes-Crottées. Ce garnement me l'a volée.

Le capitaine s'est approché sans se presser :

– C'est vrai, petit ? C'est cet homme-là qui t'a demandé de garder son cheval ?

En général, monsieur, j'ai de la répartie. C'est essentiel quand on vit d'astuce, comme moi. Sauf que, là, je n'ai pas réfléchi assez vite.

Il suffisait que je réponde « oui », et toute l'histoire s'arrêterait là. J'aurais pu ajouter : « Mais il m'a promis une pièce d'or, alors, maintenant, il me la doit. » Culottes-Crottées me l'aurait donnée volontiers pour se sortir de ce mauvais pas, tout en faisant une excellente affaire. Et moi, j'aurais filé jusqu'à la taverne la plus proche pour m'offrir une copieuse tourte à la viande et aux rognons.

Le plus beau dans tout ça, c'est que, si j'avais désigné Culotte-Crottée comme le maître de la jument, les soldats auraient cessé de rechercher Dick Turpin, pas vrai ? Lui, il aurait été déçu de ne pas retrouver Black Bess à son retour, c'est sûr, et il aurait pensé que je l'avais laissé tomber. En ce cas, gare à moi si j'avais la malchance de croiser à nouveau sa route un jour ! Mais le principal, c'est qu'il aurait gardé sa liberté et aurait pu continuer à courir les grands chemins. Bref, c'était la solution parfaite pour régler les problèmes de tout le monde.

Ai-je répondu « oui » ?

Non. J'ai répondu « non ».

Un mot si court, monsieur, mais qui fait toute la différence. J'ai dit « non », et les soldats

se sont emparés des deux escrocs, comme si c'était moi qui leur en avais donné l'ordre. Quelle impression de puissance ça m'a donnée ! Pas pour longtemps. Culotte-Crottée m'a craché dessus tandis qu'ils l'emmenaient, preuve qu'il n'était pas un gentleman, malgré ses bottes et son gilet.

Trois soldats sont partis avec eux pendant que les autres retournaient se cacher. Seul le capitaine est resté près de moi. Il m'a donné une petite tape sur l'épaule en déclarant :

– Reprends ton poste, mon garçon !

J'étais démoralisé à l'idée d'attendre de nouveau dans le noir et le froid, mais je n'avais pas le choix. J'ai donc reconduit la jument à notre place. En rajustant la cape sur son dos, j'ai remarqué qu'il faisait merveilleusement chaud là-dessous. La laine épaisse retenait la chaleur de son corps. Je l'ai enviée.

Comment un animal pouvait-il être si bien équipé alors que moi, misérable, j'avais si froid ? Mais tel était mon lot, monsieur, et j'avais l'habitude de souffrir. Je me suis emmitouflé du mieux que j'ai pu dans mon vieux manteau troué et j'ai tapé des pieds sur le sol gelé.

Je ne sais pas combien de temps nous sommes restés là, tous les deux. La jument se dandinait d'une patte sur l'autre, et je faisais de même, appuyé contre le mur.

Il y a des gens qui aiment la nuit ; je ne suis pas de ceux-là. C'est la nuit que me reviennent les images de ma vie d'avant, avant que ma mère ne meure. Dans l'obscurité, rien n'attire le regard, et les souvenirs en profitent pour remonter. De jour, je me repère à la position du soleil, à la longueur des rues et des routes où je chemine. La nuit, c'est impossible.

Je n'avais donc aucune idée de l'heure qu'il était lorsque Bess, fatiguée de rester debout, s'est couchée avec précaution.

À présent qu'elle ne me dominait plus de toute sa hauteur, j'ai entrevu le moyen de partager avec elle la cape de Dick Turpin, qui nous tiendrait au chaud tous les deux. Je n'étais jamais monté sur un cheval, mais le dos de Bess était si près du sol que le risque à courir n'était pas bien grand comparé à la promesse d'un tel réconfort.

J'ai passé les rênes au-dessus de sa tête le plus lentement possible, afin de ne pas l'effrayer, puis j'ai soulevé la cape et me suis assis sur la selle. La jument a soufflé un petit coup, mais

n'a pas protesté. Je me suis allongé, avant de rabattre l'étoffe de laine sur mon dos. Comme un filet d'air froid arrivait encore à passer, j'ai saisi les deux cordons de la cape et les ai noués sous mon menton.

Le tissu était imprégné d'une puissante odeur de sueur, mais il retenait la chaleur de l'animal. Je me suis réchauffé si vite que les mains et les pieds me picotaient douloureusement. Quel plaisir, pourtant, monsieur ! Le pur délice d'avoir chaud !

Avant même que les picotements aient disparu, j'avais sombré dans le sommeil, la joue posée sur l'épaisse crinière.

11

Je me suis réveillé en sursaut quand Black Bess s'est remise sur ses pattes. Quelle impression effrayante ! Il faisait si noir que j'ai cru mes paupières collées, ce qui m'arrive souvent le matin. Puis j'ai aperçu quelques étoiles au-dessus des toits, et j'ai compris qu'on était toujours en pleine nuit.

– Descends de là, petit. C'est terminé !

J'ai reconnu la voix du capitaine avant d'apercevoir sa silhouette. Cette fois-ci, perché sur la selle, c'était moi qui le dominais.

– Qu'est-ce qui est terminé ? ai-je demandé. Qu'est-ce qui se passe ?

– Deux gendarmes ont attrapé Dick Turpin hier après-midi. On vient seulement de l'apprendre.

Il semblait très contrarié. C'était compréhensible : avec ses hommes, il avait attendu dans le froid une bonne partie de la nuit dans l'espoir de coincer quelqu'un qui était déjà sous les verrous.

– Descends de là et rentre chez toi.

Je n'avais aucune envie de descendre et, de toute façon, je n'avais nulle part où aller. Et puis, il y avait autre chose :

– Et ma récompense ?

– Oh ! Tiens, voilà pour ta peine.

Il m'a saisi par le bras pour me tirer de la selle. Mais je n'ai rien voulu savoir. J'étais fou de rage. Comment osait-il me traiter ainsi ? Il m'avait fait poireauter pendant des heures en me promettant une récompense, et voilà qu'il me renvoyait avec une malheureuse pièce d'un sou !

J'ai dégagé mon bras et j'ai voulu lui flanquer un coup de pied. Je l'ai manqué de peu, mais, quand ma jambe est retombée, mon talon a frappé le flanc de Black Bess. Elle, la princesse des juments, elle n'avait pas besoin qu'on le lui dise deux fois. Elle est partie au galop comme si le diable la poursuivait. Dieu seul sait comment je suis resté en selle ! Je me cramponnais à sa crinière, conscient que ma vie en dépendait.

Heureusement que les chevaux voient mieux dans l'obscurité que les humains ! Je n'avais aucune idée de là où nous allions. Black Bess, elle, le savait. Elle avait le pied sûr et filait avec assurance, tandis que la boue gelée jaillissait sous ses sabots. Bientôt, j'ai senti à l'odeur de l'air qu'on avait quitté la ville. La jument galopait toujours, sans paraître le moins du monde fatiguée. Moi, j'aurais préféré qu'elle le soit.

J'ignorais si les soldats s'étaient lancés à notre poursuite, mais j'avais un autre problème, nettement plus préoccupant. La magnifique cape noire flottait au vent dans mon dos, tout comme elle flottait derrière Dick Turpin lorsqu'il avait déboulé dans la rue la veille.

Je ne savais pas comment il l'attachait. En tout cas, elle ne l'étranglait sûrement pas comme elle était en train de m'étrangler ! C'était la première fois que je montais à cheval et je n'osais pas lâcher la crinière de peur de tomber sur la route qui filait au-dessous de moi. Les rênes étaient là, rebondissant sur le cou de la jument, mais les attraper au vol aurait exigé un geste d'une audace folle.

Pourtant, si je ne le tentais pas, j'allais mourir étranglé par la cape de Dick Turpin, une mort particulièrement stupide après tout ce que je venais d'endurer. Alors, tenant la crinière de Black Bess de la main gauche, j'ai tâtonné de l'autre le long de son cou, dans le

vent tourbillonnant, jusqu'à ce que je sente sous mes doigts la froide et graisseuse lanière de cuir et que je l'agrippe fermement.

Vous, monsieur, qui êtes un cavalier – et, j'ose le dire, l'un des meilleurs –, vous savez comment un cheval réagit lorsqu'on tire sur une rêne en laissant flotter l'autre. Si j'avais été plus fort, je nous aurais envoyés dans un tas de boue, Black Bess et moi. Là, je n'ai réussi qu'à lui faire quitter la route pour la lancer

droit vers un bosquet, où elle a dû s'arrêter net. J'ai voltigé par-dessus sa tête avant de retomber dans les ronces, emberlificoté dans la cape noire.

J'étais encore occupé à me dépêtrer du lourd tissu quand j'ai entendu un tonnerre de sabots sur la route, derrière nous, tandis que le capitaine et sa troupe passaient à vive allure.

Ils essayaient, une fois de plus, d'attraper quelqu'un qui n'était plus là.

12

Voilà donc mon histoire, monsieur. Je ne sais pas ce que vous en pensez, mais, moi, je considère que la jument m'appartient de plein droit. Elle a été laissée à ma garde, voyez-vous. Et son propriétaire sera bientôt pendu, vous le savez sûrement. Il n'aura donc plus besoin d'elle.

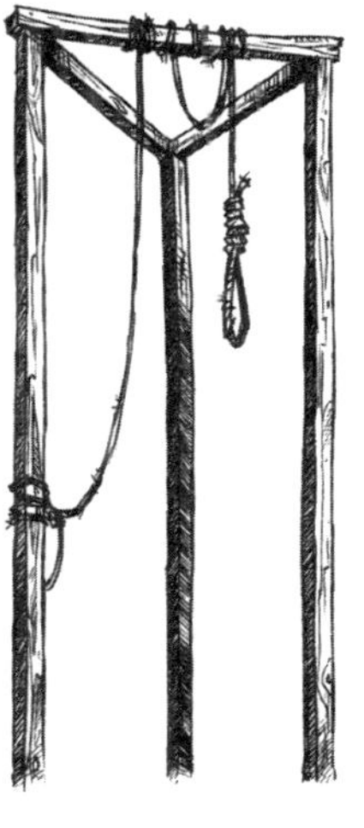

J'ai songé à reprendre le métier de Dick Turpin : voleur

de grand chemin. Mais vous le voyez, monsieur, je suis petit. Les cochers et les voyageurs ne feraient guère attention à moi, d'autant que Dick Turpin a emporté sa sacoche et m'a laissé sans pistolet.

Voilà pourquoi je vous propose d'acheter ce cheval, monsieur, parce que je ne suis qu'un pauvre gars de la ville et que je n'ai pas les moyens d'entretenir une bête comme celle-là. Je vends aussi la cape, si ça vous intéresse, seulement elle ne sera pas bon marché, étant donné son histoire extraordinaire.

Oui, monsieur, moi aussi, j'ai entendu parler de ces gens qui mettent en vente une jument en prétendant qu'il s'agit de Black Bess.

Je n'ai qu'une seule chose à dire : jugez par vous-même. L'animal que vous avez sous les yeux est de toute beauté, vous ne direz pas le contraire.

Bien sûr, elle a l'air un peu fatiguée. Ne le seriez-vous pas, monsieur, si vous étiez à sa place ? Et de nouveaux fers lui feraient de

meilleurs sabots. Oui, sa crinière aurait besoin d'un bon brossage, mais franchement, monsieur, prétendre qu'elle ressemble à un cheval de trait serait des plus injustes.

Non, non. Je ne la laisserai pas pour une aussi petite somme. Vous l'insultez. Elle en vaut dix fois plus. C'est Black Bess, monsieur, pas un vieux canasson.

Tant pis. Comme vous voudrez. Ça ne coûte rien de regarder. Et il y a quantité de bons cavaliers qui ne demandent qu'à posséder la

seule, l'unique Black Bess ! Je trouverai un acheteur sans problème, pas vrai, Bess ? Sans aucun problème.

FIN

Crédit illustrateur : A. Wilsdorf

Crédit illustrateur : M. Blanchin

Retrouve **chaque mois** le magazine

Mis en pages par DV Arts Graphiques à La Rochelle